어린이 제자훈련 (고학년용) 3

교리학교

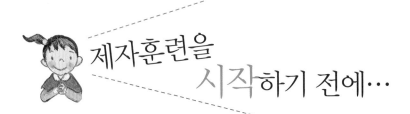

제자훈련을 시작하기 전에…

1 제자 훈련은 단순히 부모님이나 친구들에게 보여 주기 위한 훈련이 아니에요!

제자훈련은 우리 친구들이 하나님과 약속한 '개인적인 영적 훈련'의 시간이에요! 부모님이 시키셔서 하는 것도 아니고, 친구들에게 자랑하려고 하는 것도 아니에요. 사람보다는 하나님을 먼저 생각하며 겸손한 자세로 훈련에 임했으면 좋겠어요.

2 제자 훈련은 6일의 평일이 더 중요해요!

매주 진행되는 제자훈련에 한 번 참석하는 것보다는 매일 매일의 삶 속에서 성경말씀을 묵상하고 적용하는, 삶에서의 예배가 더 중요해요. 일주일 내내 하는 언어습관과 생활습관 속에서 예수님을 닮아가려고 노력하는 자세가 더 중요해요.

3 제자 훈련은 영적으로 업그레이드(Up-grade)하는 장소예요!

제자훈련은 우리 친구들의 영적인 생활이 더 풍성해질 수 있도록 도와줄 거예요. 매일 매일 큐티하는 습관과 모든 일을 하나님께 기도해서 결정하는 생활들이 '생활화' 될 수 있도록 도와줄 거예요. 무엇보다도 중요한 것은 '하나님과 나와의 관계'이기 때문이에요.

4 지각과 결석은 가장 나쁜 습관이에요!

제자훈련은 훈련이에요. 군인이 훈련을 실전과 같이 하지 않는다면, 전쟁터에 나가서 자기 몸을 지킬 수 없는 것처럼 제자훈련에 임하는 자세도 실전과 같아야 해요. 영적인 전투를 하는 우리에게 지각과 결석은 용납할 수 없는 일이에요.

5 벌점제도는 여러분들을 위해 있는 제도랍니다!

벌점제도는 우리 친구들의 적극성 있는 훈련을 위해 존재하는 여러분들을 위한 제도예요. 단지 벌점을 맞지 않기 위해서 열심히 하는 모습보다는 하나님을 사랑하기 때문에 열심히 하는 태도를 갖는 것이 가장 중요하겠죠?

제자훈련 숙제는요!?

제자훈련을 한다는 것은 '훈련(discipline)'을 받는 것을 말합니다. 훈련받을 때 노력하지 않으면 아무런 결과도 없어요. 제자훈련을 받는 동안 우리 친구들의 영적 생활을 도와줄 '숙제'들이 있답니다. 과연 무엇일까요?

	숙제	내용
1	기도 일기	매일 매일 하나님께 드리는 기도를 쓰는 거예요! 친구들이 개인적으로 일기장을 준비해서 하나님과 대화하는 형식으로 써 보세요.
2	생활 숙제	제자들은 단순히 하나님의 말씀을 '알고 있는 것'으로 끝나서는 안 돼요! 알고 있는 것을 행해야죠. 일주일에 한 번 가정예배를 드리고 생활 숙제를 하는 거예요.
3	독후감	정해진 권장 도서를 읽고 독후감을 써오는 숙제에요.
4	성경구절 암송	매주 2절씩 성경구절을 외워 오는 숙제에요.
5	큐티	공과 책에 있는 큐티를 하는 거예요.
6	설교노트	훈련받는 친구들이 주일날 교회에 빠져서는 안 되겠죠? 설교노트를 통해 말씀을 내 것으로 만들어요.

제자훈련 서약서

✝

예수님은 우리 모두가
참된 제자의 모습으로 성장하기를 원하십니다.
교회에 다닌다고 해서 모두 예수님의 제자는 아니예요.
예수님 말씀을 바르게 배우고 그 말씀대로
순종하는 친구들이 '참된 제자' 라고 할 수 있지요.
그러므로 제자훈련을 통해 하나님의 말씀을 배우고
그 말씀대로 행하는 훈련을 받아야 합니다.
이에 훈련하기에 앞서 하나님과 친구들 앞에서
몇 가지를 서약하겠습니다.

❶ 나는 최선을 다해 하나님 말씀을 배우고 말씀에 순종하는 삶을 살겠습니다.

❷ 나는 경건의 훈련을 위해 주어지는 과제물들을 성실하게 하겠습니다.

❸ 나는 결석이나 지각을 하지 않고 끝까지 잘 참석하겠습니다.

❹ 나는 선생님의 말씀에 순종하겠습니다.

❺ 나는 훈련 기간 동안 항상 긍정적인 말과 행동 을 해서 덕을 세우겠습니다.

❻ 나는 예수님의 제자답게 행동하여 빛의 역할을 다하겠습니다.

년   월   일

제 자 _____ 반
이 름 _____ 싸인
담임교사 _____ 싸인

1과

한 발자국 내딛기

"네가 만일 네 입으로 예수를 주로 시인하며 또 하나님께서
그를 죽은 자 가운데서 살리신 것을 네 마음에 믿으면
구원을 받으리라 사람이 마음으로 믿어 의에 이르고
입으로 시인하여 구원에 이르느니라"

(로마서 10:9~10).

1 첫 단추 끼우기

옷을 입을 때 첫 단추를 끼우는 것은 매우 중요해요. 첫 단추를 잘못 끼게 되면 밑에 단추를 아무리 잘 끼웠다 하더라도 옷이 흐트러지게 마련이죠. 오늘은 제자학교를 처음 시작하는 날이에요! 새로운 선생님과 친구들의 얼굴을 보면서 첫 단추를 잘 끼워 보세요. 하지만 무엇보다도 중요한 것은 '하나님과의 관계'의
첫 단추를 잘 끼우는 것이겠죠?

★ 선생님의 정체를 밝혀라! ★

1. 선생님의 성함은?
....

2. 선생님은 어디 사세요?
....

3. 선생님의 E-mail 주소나 메신저 주소는요?
....

4. 선생님은 어떤 사람이에요?
....

5. 선생님께서 살면서 가장 기뻤던 일은요?
....

6. 선생님께서 우리들에게 바라는 점은요?

★ 우리의 정체를 밝혀라!? - 1 ★

1. 이름은?

2. 사는 곳은?

3. E-mail 주소나 메신저 아이디는?

4. 취미나 특기는?

5. 교회에 다니는 이유는?

6. 기도 제목은?

★ 우리의 정체를 밝혀라!? - 2 ★

1. 이름은?

2. 사는 곳은?

3. E-mail 주소나 메신저 아이디는?

4. 취미나 특기는?

5. 교회에 다니는 이유는?

6. 기도 제목은?

★ 우리의 정체를 밝혀라!? - 3 ★

1. 이름은?

2. 사는 곳은?

3. E-mail 주소나 메신저 아이디는?

4. 취미나 특기는?

5. 교회에 다니는 이유는?

6. 기도 제목은?

★ 우리의 정체를 밝혀라!? - 4 ★

1. 이름은?

2. 사는 곳은?

3. E-mail 주소나 메신저 아이디는?

4. 취미나 특기는?

5. 교회에 다니는 이유는?

6. 기도 제목은?

★ 우리의 정체를 밝혀라!? - 5 ★

1. 이름은?

2. 사는 곳은?

3. E-mail 주소나 메신저 아이디는?

4. 취미나 특기는?

5. 교회에 다니는 이유는?

6. 기도 제목은?

2 — 반 이름 짓기

1년 동안 우리 반을 표현할 반 이름을 짓는 시간이에요! 제자반의 특성을 가장 기발하고 창의적으로 잘 표현한 반에게는 다음 주에 선물을 줄 거예요~ 과연 어떤 반 이름이 가장 멋지고 기발할까요?

> 우리 반 이름은요.

1. 반 이름을 이렇게 지은 이유는요?

2. 우리 반 이름처럼 살아가려면 어떻게 해야 할까요?

3 ── '신앙 간증문'을 써 보세요.

우리가 태어난 지 10년이 훌쩍 넘었어요. 10년 이상 신앙생활 한 친구도 있을 것이고
아닌 친구도 있을 거예요. 얼마 동안 예수님을 믿었는지는 그다지 중요하지 않아요.
길게 믿었든 짧게 믿었든 지금 현재 내가 예수님과 얼마나 가깝게 지내고 있는가가 더
중요해요. 지금까지 예수님을 믿으면서 특별히 은혜 받은 이야기나 기억나는 간증이
있으면 적어 보세요.

1. 우리 반 친구 중에 나와 비슷한 경험이 있는 친구가 있다면 나누어 보세요.

2. 친구들의 신앙 간증을 들으면서 어떤 생각이 드나요?

3. 10년 후에 '신앙 간증문'을 쓴다면 어떤 내용일까요?

다음 주에 외울 암송구절

"이 율법책을 네 입에서 떠나지 말게 하며 주야로 그것을 묵상하여 그 안에 기록된 대로 다 지켜 행하라 그리하면 네 길이 평탄하게 될 것이며 네가 형통하리라."

여호수아 1:8

"모든 성경은 하나님의 감동으로 된 것으로 교훈과 책망과 바르게 함과 의로 교육하기에 유익하니."

디모데후서 3:16

기도로 맺어진 우리의 끈

한 사람을 사랑하는 가장 좋은 방법은 그 사람을 위해서 기도하는 거예요. 기도는 '바라는 것'이 '실상(實狀, reality)'이 되는 놀라운 능력이에요! 서로를 위해 기도하며 하나님 나라의 비밀을 체험하는 시간이 되기를 소망합니다.

선생님과 친구들의 기도 제목을 매주 적고 진심으로 기도해 주세요!

기도 대상자	기도 제목

"너는 기도할 때에 네 골방에 들어가 문을 닫고 은밀한 중에 계신 네 아버지께 기도하라 은밀한 중에 보시는 네 아버지께서 갚으시리라" (마태복음 6:6).

생활과제 보고서

제자의 생활훈련

1. 가정 예배를 이렇게 드렸어요.

- 예배 사회 :
- 대표 기도 :
- 설 교 자 :
- 설교 내용 요약 :

- 찬　양 :
- 성경 본문 :

2. 우리 가족 기도 제목 나누기

이름	기도 제목

3. 생활의 제자훈련

요일/날짜	섬김의 내용	부모님 확인
예) 월/일	예) 내 방 청소하기	○ △ ✕

✚ 말씀으로 맺어진 하나님의 은혜

설교 날짜 :

설교 제목 :

본문 말씀 :

설교 내용 :

적용 질문

❶ 설교 말씀을 듣고 새롭게 깨달은 사실이 있다면 무엇일까요?

----

❷ 나는 이제 어떻게 살아야 할까요?

성경,
그 놀라운 비밀?!

"모든 성경은 하나님의 감동으로
된 것으로 교훈과 책망과 바르게 함과
의로 교육하기에 유익하니"

(디모데후서 3장 16절).

1 — ICE BREAK

"공통점을 찾으라!"

우리 친구들이 '선장'이 되었다고 생각해 보세요. 이제 내일이면 저 망망대해 넓은 바다로 큰 배를 몰고 항해를 나가야 합니다. 항해에 필요한 것들은 여러 가지가 있겠죠? 하지만 무엇보다도 중요한 것은 '나침반'이 아닐까요? 그 이유는 무엇일까요? 그리고 성경이 우리 인생의 나침반 같다고 말하는 이유는 무엇일까요?

나침반   성경

공통점 :

1. 성경과 나침반의 가장 큰 공통점은 무엇일까요?

2. 우리는 성경을 어떻게 대해야 할까요?

2 기초 다지기 5단계!

Step 1 성경의 영감(靈感, inspired)

우리는 성경이 "영감되었다(to be inspired)"고 말해요. 이 말은 하나님께서 성령의 감동하심으로 택하신 사람들을 통해서 자신의 메시지를 전달하셨다는 뜻이에요. 그렇다고 해서 이 사람들이 하나님의 조종을 받는 로봇이 되었다는 말은 아니에요.

† 베드로후서 1:20~21 / 데살로니가전서 2:13

Step 2 성경의 무오성(無誤性, inerrancy)

성경책에는 오류가 있거나 틀린 내용이 있을까요? 성경 안에 있는 모든 이야기가 오류 없이 잘 맞아떨어질까요?

Step 3 성경의 통일성(統一性, unity)

성경의 각 권이 갖는 공통된 주제는 무엇일까요? 또한 성경의 중심 사건 및 중심 인물들은 무엇(누구)일까요? 성경은 어떠한 방향성을 가지고 달려갈까요?

† 누가복음 24:27, 44; 요한복음 5:39

Step 4 성경의 예언(豫言, prophecy)과 성취(成就, accomplishment)

성경 속에는 어떠한 예언들이 가득 차 있을까요? 그리고 그 예언들은 어떠한 통일성을 가지고 있나요? 과연 그 예언들은 성취되었나요?

Step 5 성경의 기록 목적(目的, aim)

성경 66권이 기록된 목적은 무엇일까요? 과연 성경은 왜 아직까지 존재하고 있는 것일까요? 성경의 존재 목적은 과연 무엇일까요?

† 디모데후서 3:15~16

3 ── 성경은 정말 하나님의 말씀일까요?

1. 지금까지 성경을 읽다가, 잘 믿어지지 않는 내용을 본 적이 있었나요? 어떤 내용이었나요? 그럴 때는 어떻게 했나요?

_____

_____

_____

2. 다음 글을 읽고 생각해 보세요.

● ● ●   미국이 낳은 대작가 월레스는 본래 군인이요, 장관이요, 외교관이요, 문필가로서 평소에 기독교 신앙에 대하여 나쁜 마음을 품고 있던 불신자(예수 믿지 않는 사람)였습니다. 그래서 그는 이 세상을 떠나기 전에 세상을 깜짝 놀라게 할 큰 작품을 하나 쓰고 싶었습니다. 그것은 하나님이 살아 계시지 않다는 것을 증명하는 것(반기독교적 글)이었습니다. 사람들이 그 책만 읽으면 기독교를 떠나도록 만드는 그런 작품이었습니다. 많은 자료를 수집하고 나서 그는 마지막으로 성경의 약점과 거짓, 그리고 동화 같은 이야기라는 것을 세상에 알리기 위하여 신구약 성경을 읽기로

작정하였습니다. 창세기에서부터 자세히 성경을 읽기 시작하여 복음서를 다 읽기도 전에 그의 돌 같은 마음이 물 같이 녹고 말았습니다. 그는 크게 감동받아서 예수 그리스도 앞에 결국 무릎을 꿇고 말았습니다. 그리고 그는 기독교를 농락하려던 붓을 꺾어 버리고 새로운 붓으로 죄인들을 위하여 십자가에서 대신 죽으신 그리스도의 사랑을 글로 썼습니다. 바로 그 책이 그 유명한 작품 『벤허』입니다.

❶ 이 글을 읽고 무엇을 느꼈나요?

❷ 이런 일이 가능한 이유가 무엇일까요?

3. 여러분은 스스로 매일 성경을 읽고 있나요? 성경을 읽고 즐거운 경험을 했다면 함께 나누어 보세요.

4. 매일 규칙적으로 성경 읽는 것이 힘들다면, 왜 그런지 생각해 보고 기록해 보세요.

4 성경을 내 삶의 친구로 삼기

1. 다음 글을 읽고 생각해 보세요.

●●● 미국 캘리포니아 연안에 위치한 몬트레이 마을은 오랫동안 펠리컨들의 천국이었다고 합니다. 어부들이 잡아 올린 물고기를 씻을 때 잔챙이는 모두 던져 버렸는데, 이것이 펠리컨들에게는 기가 막힌 먹이가 되기 때문이었습니다. 나중에 펠리컨들은 스스로 물고기를 잡는 일이 거의 없어지다시피 했는데, 이것은 사방에 널린 잔챙이들을 마음껏 먹을 수 있었기 때문입니다. 그들은 날로 살이 찌고 한편으로 게을러져 갔습니다. 그런데 어느 날부터인가 어부들이 던져 버리던 그 잔챙이 고기들이 상업적으로 활용되기 시작하자, 펠리컨들이 주워 먹을 만한 것이 더 이상 없게 되었습니다. 이런 변화가 생겼는데도 펠리컨들은 스스로 먹이를 구할 생각은 않고 여전히 버려진 것만 찾아 다녔습니다. 먹이를 찾지 못한 펠리컨들은 점점 야위고 기운을 잃어 갔습니다. 결국 펠리컨들은 한두 마리씩 굶어 죽기 시작하더니 그 숫자가 계속 늘어갔습니다. 이것을 본 어부들은 도대체 펠리컨들이 왜 굶어 죽는지 의아하기만 했습니다. 어부들은 여러 가지로 대책을 강구한 끝에 한 가지 묘책을 찾아냈는데, 그것은 좀 멀리 떨어진 남쪽 지방에서 먹이를 스스로 잡을 줄 아는 펠리컨을 몇 마리 수입하여 풀어놓는다는 것이었습니다. 그 방법은 적중하였습니다. 펠리컨들이 새로 오자 변화가 일어나기 시작하였습니다. 새로 온 친구들이 능숙하게 물고기를 잡아먹는 것을 보고 굶주려 있던 펠리컨들도 물고기를 잡기 시작한 것입니다. 결국 어처구니없이 굶어 죽어 가던 펠리컨들의 문제가 해결되었다고 합니다.

❶ 이 글을 읽고 무엇을 느꼈는지 자신의 생각을 나누어 보세요.

....

....

....

....

❷ 나는 펠리컨처럼 영의 양식을 먹지 않아 굶어 죽고 있지는 않나요? '영의 양식'
   은 무엇일까요?

....

....

....

2. 읽기(Reading) 요한계시록 1:3

❶ 말씀을 왜 읽어야 할까요? 신명기 17:19 ; 누가복음 4:16

....

....

....

....

❷ 말씀을 읽으면 어떤 유익이 있을까요? 디모데전서 4:13 ; 사도행전 20:32

....

....

....

....

3. 암송(Memory) 시편 119:9, 11

❶ 말씀을 왜 암송해야 할까요? 잠언 23:7 ; 잠언 4:23 ; 누가복음 6:45 ; 신명기 6:6

....

....

....

....

❷ 말씀을 어떤 자세로 암송해야 할까요? 예레미야 15:16 ; 시편 119:97 ; 여호수아 1:8

....

....

....

....

4. 묵상(Meditation) 시편 1:2~3

❶ 말씀을 왜 묵상해야 할까요? 시편 1:1~3

....

....

....

....

❷ 말씀을 어떤 자세로 묵상해야 할까요? 시편 119:18, 62:5

....

....

....

5 ─ 어떻게 성경을 읽을 것인가?

런던의 한 저명한 신문의 편집자는 사회 각 계층의 주요 인물들인 국회의원, 대학교수, 작가, 사업가 등 100명을 대상으로 다음과 같은 설문조사를 했습니다. "당신이 만약 3년 간 감옥에 가야 한다면 어떤 책을 가지고 가겠습니까?" 응답자들 중 98%가 성경을 선 택했습니다. 이처럼 성경은 많은 사람들에게 영혼을 살리는 귀한 책으로 알려져 있습니다. 그럼에도 불구하고 많은 사람들은 성경을 읽기 어려운 책, 이해하기 힘든 책으로 생각합니다. 이유는 무엇일까요? 그것은 성경을 읽는 방법을 모르기 때문입니다.

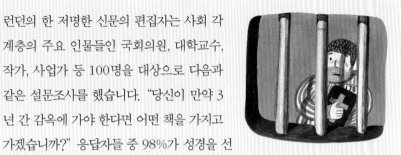

1. 어떻게 성경을 읽을 것인가?

언제 ★

_____

_____

어디서 ★

_____

_____

누구와 ★

_____

_____

얼마만큼 ★

....

....

어떻게 ★

....

....

잘 모르는 것이 있을 때는 ★

....

....

....

6 — 활동 퀘스트

다함께 O/X 퀴즈를 풀어봅시다.

1. 성경은 너무나 오래 전에 기록된 책이라 현대를 사는 우리에게 적   ○   ×
   용될 수 없다.

2. 성경을 가장 많이 쓴 사람은 바울이다.   ○   ×

3. 성경의 저자는 하나님이 아닌 사람이다.   ○   ×

4. 구약은 예수님 탄생 이후의 기록이고, 신약은 예수님 탄생 이전   ○   ×
   의 기록이다.

5. 성경에서 가장 긴 장은 시편 119편이다.   ○   ×

6. 성경은 많이 읽어야 하지만, 많이 암송할 필요는 없다.   ○   ×

7. 성경은 하나님의 영감으로 기록되었다.   ○   ×

다음 주에 외울 암송구절

"나는 여호와요 모든 육체의 하나님이라 내게 할 수 없는 일이 있겠느냐."

예레미야 32:27

"아무것도 염려하지 말고 다만 모든 일에 기도와 간구로, 너희 구할 것을 감사함으로 하나님께 아뢰라 그리하면 모든 지각에 뛰어난 하나님의 평강이 그리스도 예수 안에서 너희 마음과 생각을 지키시리라."

빌립보서 4:6~7

기도로 맺어진 우리의 끈

한 사람을 사랑하는 가장 좋은 방법은 그 사람을
위해서 기도하는 거예요. 기도는
'바라는 것' 이 '실상(實狀, reality)' 이
되는 놀라운 능력이에요!
서로를 위해 기도하며
하나님 나라의 비밀을
체험하는 시간이 되기를
소망합니다.

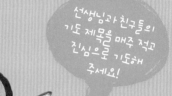

선생님과 친구들의
기도 제목을 매주 적고
진심으로 기도해
주세요!

기도 대상자	기도 제목

"너는 기도할 때에 네 골방에
들어가 문을 닫고 은밀한 중에
계신 네 아버지께 기도하라
은밀한 중에 보시는
네 아버지께서 갚으시리라"
(마태복음 6:6).

제자의 생활훈련

1. 가정 예배를 이렇게 드렸어요.

- 예배 사회 :
- 대표 기도 :
- 설교자 :
- 설교 내용 요약 :

- 찬　양 :
- 성경 본문 :

2. 우리 가족 기도 제목 나누기

이름	기도 제목

3. 생활의 제자훈련

요일/날짜	섬김의 내용	부모님 확인
예) 월/일	예) 내 방 청소하기	○ △ ×

✚ 말씀으로 맺어진 하나님의 은혜

설교 날짜 :

설교 제목 :

본문 말씀 :

설교 내용 :

적용 질문

❶ 설교 말씀을 듣고 새롭게 깨달은 사실이 있다면 무엇일까요?

----

❷ 나는 이제 어떻게 살아야 할까요?

하나님은
누구세요?!

"나는 여호와요 모든 육체의 하나님이라
내게 할 수 없는 일이 있겠느냐"

(예레미야 32:27).

1— ICE BREAK

"하나님의 이미지(image)를 그려라."

우리 친구들에게 하나님은 어떤 분이세요? 하나님을 생각했을 때 느껴지는 이미지를 그림으로 표현해 보도록 해요!

1. 왜 이런 그림을 그리게 되었나요?

_____

_____

2. 나에게 하나님은 어떤 이미지일까요?

_____

_____

_____

2 기초 다지기 5단계!

step 1 창조주(創造主, creator) 하나님

하나님은 천지를 창조하신 '창조주' 예요. 이 세상 모든 피조세계를 만드시고 그 모든 피조물들의 '왕' 이 되십니다. 그는 역사를 주관하시는 주관자이시며 만물의 영존자세요.

†시편 90:2

step 2 무소부재(無所不在, omnipresence)자 하나님

하나님은 어디에나 계세요. 하나님은 우리 마음에도 계시고 세상 어느 곳에도 충만하신 하나님이세요.

†예레미야 23:24

step 3 전능(全能, almighty)자 하나님

하나님은 능치 못할 일이 없으신 전능한 분이세요. 그의 능력은 무궁무한하여 그분이 생각하는 모든 것이 바로 그분의 능력이죠!

†예레미야 32:27

step 4 불변(不變, unchangeable)하신 하나님

하나님은 사람과 달라서 마음이 쉽게 변하지 않으시고, 그분의 사랑은 영원토록 동일해요. 하나님은 쉽게 그분의 뜻을 변경하시지 않고 기쁘신 뜻대로 행하는 분이에요.

†야고보서 1:17 ; 히브리서 13:8

step 5 전지(全知, omniscience)한 하나님

하나님은 모든 것을 알고 계세요. 그가 바로 '지혜의 근원' 이며 모든 것을 아시는 능력을 가지신 분이랍니다!

†요한일서 3:20

3 — 하나님의 사랑? 그리고 공의?

1. 다음 글을 읽고 생각하며 나누어 보세요.

> 〈인터넷 포털 사이트의 댓글 가운데서〉
>
> "하나님이 사랑의 하나님이라고? 말도 안 돼. 구약을 살펴봐. 구약성경에 하나님의 명령으로 얼마나 많은 사람들이 죽는데…."
>
> "세상 끝에 심판이 있다고 말하고 있잖아…. 심판이 있다는 것은 누구는 벌주고 누구는 상주고, 그런다는 것인데, 그게 무슨 사랑의 하나님이냐?"
>
> "천국? 지옥? 무슨 말도 안 되는 소리를…. 만약 지옥이 있다면 나는 거기로 가고 싶다!! 사랑의 하나님이 무슨 지옥을 만들어?"

❶ 위의 글을 읽고 느낀 점을 나누어 보세요.

❷ 과연 하나님은 사랑의 하나님일까요, 공의의 하나님일까요?

❸ 나는 하나님께 사랑을 더 많이 받았나요? 꾸지람을 더 많이 받았나요?

2. 사랑 : 예레미야 31장 3절

❶ 하나님의 사랑은 어떤 사랑일까요?

❷ 하나님은 우리를 너무 사랑하셔서 우리에게 최고의 사랑을 보여 주셨어요. 그 최고의 사랑은 무엇일까요?

❸ 하나님이 보여 주신 그 최고의 사랑이 나에게도 적용될까요? 적용이 된다면 어떻게 적용될까요?

❹ 하나님의 크신 사랑을 대할 때 우리는 어떤 느낌이 드나요? 사랑하는 사람을 위해서 자신의 목숨을 내어 줄 수 있나요?

3. 공의 : 시편 37장 27~28절

❶ 다윗은 하나님의 공의로우심에 대하여 어떻게 표현하고 있나요?

_____

_____

❷ 하나님께서 죄를 벌하시는 이유는 무엇일까요?

_____

_____

_____

❸ 하나님께서 죄를 벌하시는 것을 기뻐하신다는 말씀을 볼 때 어떤 마음이 드나요? 혹시 하나님이 무서워서 죄를 짓지 않은 경험이 있나요?

_____

_____

_____

4 하나님을 바로 알고 사랑하기

1. 다음 글을 읽고 생각해 보세요.

●●● 시내 중심가에 커다란 극장이 하나 있었습니다. 그 극장은 그 나라에서 제일 크고 멋있는 극장이었기에 아무나 들어갈 수 있는 곳이 아니었습니다. 높은 지위에 있거나 돈이 많은 사람만 들어갈 수 있는 극장이었습니다. 그런데 어느 날 극장

앞에 한 꼬마가 나타났습니다. 그 꼬마는 극장에 들어가려고 줄을 선 사람들을 제치고 맨 앞으로 나아가 극장 안으로 들어가려고 했습니다. "꼬마야! 어딜 들어가려고 하니?" "우리 아빠를 극장 안에서 만나기로 했어요!" "너희 아버지가 누군데?" "극장 주인이요!" "거짓말 마라! 꼬마야, 너같이 들어가려고 하는 아이들이 얼마나 많은지 아니? 어서 집에 가라!" "아저씨, 나중에 우리 아빠가 오시면 혼나시려고 그러세요?" "허참, 그럼 사장님에 대해서 한번 설명해

보렴!" 그러자 그 꼬마는 쉴새없이 아버지에 대해 설명하기 시작했어요! 아버지의 키, 생김새, 습관, 성격, 좋아하는 음식 등.... 사장님에 대해서 너무 정확하게 설명하는 꼬마를 지켜보던 경비 아저씨는 아무 말도 하지 못하고 그 꼬마 소년을 들여보냈습니다.

❶ 위의 글을 읽고 무슨 생각이 드나요?

────────────────────────────

────────────────────────────

❷ 나는 모든 만물의 주인이신 '하나님 아버지'를 얼마나 알고 있나요?

────────────────────────────

────────────────────────────

❸ 과연 하나님 아버지는 나를 아들 딸로 인정해 줄까요?

────────────────────────────

────────────────────────────

2. 신명기 10:12~13를 읽고 그대로 적어 보세요.

❶ 하나님께서 우리에게 요구하시는 네 가지 자세(태도)가 있어요! 무엇일까요?

1 ★

2 ★

3 ★

4 ★

❷ 우리에게 하나님이 요구하시는 네 가지 태도 중에서 무엇이 가장 힘든 것일까요? 그리고 안 되는 이유가 무엇일까요?

❸ 이 네 가지 자세 중에 일주일 동안 반드시 지킬 한 가지 자세만 적고 반 친구들에게 결심한 것을 이야기해 보세요.

5 활동 퀘스트

하나님을 소개하는 신문기사 만들기

방법 ◉ 내가 특종 신문기자가 되었다고 생각한 후 하나님을 전혀 모르는 사람에게 하나님을 소개하는 신문기사를 간략하게 써보도록 해요. 신문기사는 6하 원칙하에 씁니다.(언제, 어디서, 왜, 누가, 어떻게, 무엇을)

다음 주에 외울 암송구절

"시몬 베드로가 대답하여 이르되 주는 그리스도시요 살아 계신 하나님의 아들이시니이다."

마태복음 16:16

"그가 빛 가운데 계신 것같이 우리도 빛 가운데 행하면 우리가 서로 사귐이 있고 그 아들 예수의 피가 우리를 모든 죄에서 깨끗하게 하실 것이요."

요한일서 1:7

기도로 맺어진 우리의 끈

한 사람을 사랑하는 가장 좋은 방법은 그 사람을
위해서 기도하는 거예요. 기도는
'바라는 것'이 '실상(實狀, reality)'이
되는 놀라운 능력이에요!
서로를 위해 기도하며
하나님 나라의 비밀을
체험하는 시간이 되기를
소망합니다.

선생님과 친구들의
기도 제목을 매주 적고
진심으로 기도해
주세요!

기도 대상자	기도 제목

"너는 기도할 때에 네 골방에
들어가 문을 닫고 은밀한 중에
계신 네 아버지께 기도하라
은밀한 중에 보시는
네 아버지께서 갚으시리라"
(마태복음 6:6).

제자의 생활훈련

1. 가정 예배를 이렇게 드렸어요.

- 예배 사회 :
- 대표 기도 :
- 설 교 자 :
- 설교 내용 요약 :

- 찬 양 :
- 성경 본문 :

2. 우리 가족 기도 제목 나누기

이름	기도 제목

3. 생활의 제자훈련

요일/날짜	섬김의 내용	부모님 확인
예) 월/일	예) 내 방 청소하기	○ △ ×

✚ 말씀으로 맺어진 하나님의 은혜

설교 날짜 :

설교 제목 :

본문 말씀 :

설교 내용 :

적용 질문

❶ 설교 말씀을 듣고 새롭게 깨달은 사실이 있다면 무엇일까요?

---

❷ 나는 이제 어떻게 살아야 할까요?

예수님은 누구세요?!

"시몬 베드로가 대답하여 이르되 주는 그리스도시요
살아 계신 하나님의 아들이시니이다"

(마태복음 16:16).

1—ICE BREAK

"내가 가장 존경하는 인물은?"

이 름

직 업

이 유

1. 가장 존경하는 인물에게 혹시라도 예수님과 닮은 부분이 있다면 나누어 보세요.

2. 왜 예수님과 닮은 부분이 있다고 생각했나요?

2 기초 다지기 5단계!

Step 1 참 신(神, God) 예수님

예수님은 하나님의 아들이셨기 때문에 그분도 역시 신(神)이세요! 그분도 하나님이시기 때문에 전지전능하시고, 무소부재하시고, 불변하신 분이랍니다!

†요한복음 14:8~10

Step 2 참 인간(人間, human) 예수님

예수님은 참 하나님이셨지만 동시에 참 인간이셨어요. 그러므로 예수님도 인간과 같이 감정이 있으셨고, 고통을 느끼실 수 있었어요! 인간의 모든 감정까지도 다 아시는 (체휼하시는) 분이셨죠.

†히브리서 2:14

Step 3 구원자(救援者, savior) 예수님

예수님이 이 땅에 오신 이유는 바로 우리 인간들의 죄를 깨끗이 하시기 위해서예요. 예수님을 믿기만 하면 우리는 구원을 받고 영생에 이를 수 있어요.

†요한복음 3:16

Step 4 부활(復活, resurrection)하신 예수님

예수님은 십자가의 고난으로 고통받으시고 우리의 모든 죄를 대신 지시고 돌아가셨어요. 그리고 3일 만에 다시 살아나셨어요. 할렐루야!

†고린도전서 15:3~8

Step 5 재림(再臨, parousia)하실 예수님

하나님은 부활 후 하나님의 보좌 오른편에 앉아서 우리를 지켜보고 계세요. 예수님은 반드시 구름을 타고 다시 이 땅에 내려오실거예요. 우리는 그 재림 날에 예수님을 다시 뵐 수 있을 거예요!

†사도행전 1:11; 요한계시록 22:20

3 ─ 예수님은 하나님일까요?

1. 아래 글을 읽고 질문에 답해 보세요.

> ●●● 교회를 다니는 친구에게 "예수님은 누구신가?" 하고 물어보면 올바르게 대답하는 친구들이 매우 적습니다. 어떤 친구는 "예수님이요? 물 위를 걸으시고 수많은 병든 자들을 고치신 능력 있는 분이시지요. 예수님은 TV에 나오는 육백만 불의 사나이와 비슷한 것 같아요!" 라고 대답합니다. 또 어떤 친구는 "예수님은 신이 아니예요, 우리와 똑같은 사람으로서 학교에서 배운 대로 세계의 4대 성인 중 한 사람입니다"라고 대답합니다. 과연 예수님은 누구일까요?

❶ 내가 생각하는 예수님은 이런 분이다!

_____

_____

2. 요한복음 14장 8~10절을 읽고 9절만 성경에 있는 대로 옮겨 적어 보세요.

_____

_____

_____

_____

❶ 예수님의 제자 빌립은 예수님께 누구를 보여 달라고 했을까요? 그리고 이 빌립의 질문에 예수님은 무엇이라고 대답하셨을까요?

_____

_____

_____

❷ 예수님이 대답하신 "나를 본 사람은 아버지를 본 것이다"라는 말씀은 무슨 뜻일까요?

....
....
....

3. 마가복음 6장 31~56절을 읽고 질문에 대답해 보세요.

❶ 마가복음 6장 31~56절의 말씀에서 예수님이 하신 세 가지 사건을 적어 보세요.

1 ★ ....
2 ★ ....
3 ★ ....

❷ 이 세 가지 일을 왜 하나님만이 하실 수 있다고 생각하나요?

....
....
....

4. 예수님이 하나님이시라는 것은 성경 여러 곳에서 다양하게 증명되고 있어요. 아래의 성경을 찾아보며 누가 어떻게 증거하고 있는지 알아 봐요.

❖ 하나님의 증거 : 마태복음 3:1~17

....

❖ 마귀의 증거 : 마태복음 4:1~11

....

✛ 자연의 증거 : 마태복음 8:23~27

....

....

✛ 귀신들의 증거 : 마태복음 8:28~34

....

....

4   # 예수님은 인간일까요?

1. 히브리서 2장 14~18절을 읽고 질문에 답해 보세요.

❶ 예수님이 사람이 되신 것을 히브리서 2장 14절에서 어떻게 표현하고 있을까요?

....

....

....

❷ 예수님이 사람이 되신 목적은 무엇일까요? 세 가지를 찾아 적어 보세요.

1 ★

2 ★

3 ★

❸ 우리의 구원자는 사람이 아니면 안 돼요. 왜 그럴까요?

....

....

우리는 지금까지 예수님은 100% 하나님이시며, 또한 100% 사람이시라는 것을 공부했어요!

이해가 잘 안 되죠? 이것은 참 신비스러운 일이에요. 우리는 예수님이 하나님이시요, 사람이셨다는 사실을 '믿음'으로 받아들여 마음으로 믿어야 하는 거예요!

마태복음 16:17

5 예수님의 죽으심-부활-재림

1. 예수님의 죽으심

❶ 마태복음 27장 45~50절을 읽어 보세요.

❷ 다음 물음에 답해 보세요.

예수님은 십자가에 달리신 지 몇 시간 만에 죽으셨나요?

예수님의 죽음이 사실임을 확실하게 말씀하는 구절은 어디일까요?

우리 친구들은 예수님이 죽으신 것을 믿나요? 믿는다면 예수님이 죽으셨다는 것이 왜 우리에게 중요할까요?

....

....

....

2. 예수님의 부활하심

❶ 고린도전서 15장 3~8절을 읽어 보세요.

❷ 다시 사신 예수님을 본 사람이 대충 몇 사람이나 될까요?

....

....

❸ 우리 친구들은 예수님이 다시 사신 것을 믿나요? 이렇게 부활의 증인들이 많은데도 예수님의 부활을 믿지 않는 사람들은 어떤 사람들일까요? 에베소서 4:18

....

....

❹ 예수님의 부활이 우리에게 가져다주는 축복(유익)이 있어요. 고린도전서 15장 20절을 읽고 답해 보세요.

....

....

....

3. 예수님의 다시 오심

❶ 마태복음 24장 42~44절을 읽고 답해 보세요.

❷ 예수님이 다시 오시는 때는 언제일까요?

----

❸ 예수님이 다시 오시는 시기를 비밀로 남겨두신 이유가 무엇일까요?

----

❹ 예수님이 다시 오시는 것을 기다리는 사람은 어떻게 살아야 할까요?
　 우리 친구들은 예수님이 다시 오시는 것을 어떻게 기다리고 있을까요?

읽고
생각하기　어떤 사람들은 예수님이 죽은 것이 아니라 십자가 위에서 잠시 기절한 것이라고 합니다. 그래서 예수님이 정신을 차리고 깨어나 보니 무덤이었고 무덤에서 나와 제자들을 만났다고 합니다. 이것을 제자들이 부활이라고 거짓 증언했다고 합니다. 그러나 성경에 의하면 예수님은 부활하셨습니다!

마태복음 27:47~50

6 — 활동 퀘스트

여덟 조각으로 표현되는 예수님

방법 ◐ 1. A4용지를 세 번 접었다 펴면 여덟 칸의 공간이 생긴다.

2. 그 여덟 칸에 각각 예수님을 표현하는 내용을 적는다.

3. 다 적은 후 옆 사람과 비교하며 같은 내용을 찾는다. (3명 이상)

4. 반에서 가장 많이 나온 내용을 서로 나누어 본다.

다음 주에 외울 암송구절

"내가 진실로 진실로 너희에게 이르노니 내 말을 듣고 또 나 보내신 이를 믿는 자는 영생을 얻었고 심판에 이르지 아니하나니 사망에서 생명으로 옮겼느니라."

요한복음 5:24

"우리를 구원하시되 우리가 행한 바 의로운 행위로 말미암지 아니하고 오직 그의 긍휼하심을 따라 중생의 씻음과 성령의 새롭게 하심으로 하셨나니."

디도서 3:5

기도로 맺어진 우리의 끈

한 사람을 사랑하는 가장 좋은 방법은 그 사람을
위해서 기도하는 거예요. 기도는
'바라는 것'이 '실상(實狀, reality)'이
되는 놀라운 능력이에요!
서로를 위해 기도하며
하나님 나라의 비밀을
체험하는 시간이 되기를
소망합니다.

선생님과 친구들의
기도 제목을 매주 적고
진심으로 기도해
주세요!

기도 대상자	기도 제목

"너는 기도할 때에 네 골방에
들어가 문을 닫고 은밀한 중에
계신 네 아버지께 기도하라
은밀한 중에 보시는
네 아버지께서 갚으시리라"
(마태복음 6:6).

제자의 생활훈련

1. 가정 예배를 이렇게 드렸어요.

- 예배 사회:
- 대표 기도:
- 설 교 자:
- 설교 내용 요약:

- 찬 양:
- 성경 본문:

2. 우리 가족 기도 제목 나누기

이름	기도 제목

3. 생활의 제자훈련

요일/날짜	섬김의 내용	부모님 확인
예) 월/일	예) 내 방 청소하기	○ △ ×

✚ 말씀으로 맺어진 하나님의 은혜

설교 날짜 :

설교 제목 :

본문 말씀 :

설교 내용 :

적용 질문

❶ 설교 말씀을 듣고 새롭게 깨달은 사실이 있다면 무엇일까요?

----

❷ 나는 이제 어떻게 살아야 할까요?

5과

지금 죽어도
천국 갈 수 있나요?

"내가 진실로 진실로 너희에게 이르노니 내 말을 듣고
또 나 보내신 이를 믿는 자는
영생을 얻었고 심판에 이르지 아니하나니
사망에서 생명으로 옮겼느니라"

(요한복음 5:24).

1—ICE BREAK

"내가 지금 죽는다면?"

> 천국에 갈까요, 지옥에 갈까요?

> 왜 그런 생각을 하나요?

> 죽기 전에 단 한 가지를 할 수 있다면 무엇을 할 건가요?

2 ─ 기초 다지기 5단계!

Step 1 인간의 전적 타락(Total Depravity of Man)

인간은 태어날 때부터 죄인으로 태어났어요. 그러므로 성경은 말합니다. 의인은 없으되 하나도 없다고요. 인간은 완전히 무능력한 존재랍니다.

† 로마서 5:12 ; 시편 51:5

Step 2 하나님의 무조건적인 선택(Unconditional Election)

인간은 죄로 가득 차 있었지만, 하나님께서는 인간을 너무나도 사랑하셔서 무조건 구원하시기로 선택하셨어요. 선택받은 인간은 구원에 이른답니다!

† 마태복음 11:27 ; 로마서 9:16

Step 3 제한적인 속죄(Limited Atonement)

하지만 모든 인간이 죄를 용서받지는 않아요. 하나님께서 선택하지 않으신 인간은 구원받지 못합니다.

† 요한복음 10:11 ; 히브리서 9:15

Step 4 불가항력적 은혜(Irresistible Grace of God)

죄로 가득 찬 우리를 용서해 주시고 구원해 주시는 것은 우리가 감당 할 수 없는 하나님의 은혜에요. 그 은혜는 받고 싶다고 해서 받는 것도 아니고, 받고 싶지 않다고 받지 않는 은혜가 아니라, 하나님의 주권 하에 있는 은혜입니다.

† 디도서 3:5 ; 로마서 8:30

Step 5 성도의 궁극적 구원-성도의 견인(Perseverance of Saints)

선택받아 구원받은 성도들은 살아가면서 끊임없이 성령의 도우심과 인도하심 안에서 살아야 해요!

† 고린도전서 10:13 ; 에베소서 4:30

3 — 아담의 잘못

1. 아담이 지은 죄는 엄청난 결과를 가져 왔습니다. 그 결과를 성경을 통해 찾아 보세요.

❶ 창세기 3장 17~24절을 읽어 보세요. 중요한 키워드를 다섯 개만 써 보세요.

(　　　　　　)

(　　　　　　)

(　　　　　　)

(　　　　　　)

(　　　　　　)

❷ 아담이 죄를 지어서 생긴 결과는 무엇일까요? 네 가지를 찾아 적어 보세요.

1 ★

2 ★

3 ★

4 ★

❸ 창세기 2장 17절의 말씀과 같이 아담이 죄를 지음으로 인해 사람은 죽음을 맞이 하게 되었어요. 사람에게 찾아 온 죽음은 어떤 것일까요?

에베소서 2:1; 창세기 3:19

2. 아담의 잘못이 왜 나의 잘못인가요?

❶ 로마서 5장 15절, 17~19절을 보면 두 사람이 비교되고 있어요.
　성경을 보고 괄호 안에 알맞은 말을 적어 보세요.

　15절　(　　　) 지은 죄로 / (　　　)의 은혜의 선물
　17절　(　　　) 지은 죄로 / 한 분 (　　　)를 통해 생명을
　18절　한 사람의 (　　　) / 한 사람의 (　　　)
　19절　한 사람이 (　　　) 않음으로 / 한 사람의 (　　　)

❷ 아담 이후에 모든 사람이 한 사람도 빠짐없이 죄인이라는 증거가 있어요.
　그것은 무엇일까요?

_____

_____

_____

_____

_____

4 누가 천국에 갈 수 있을까요?

1. 다음 악보를 보고 선생님의 인도로 찬양을 불러 보세요.

1. 돈으로 도 못가요 하나님나 라
2. 벼슬로 도 못가요 하나님나 라
3. 어여뻐 도 못가요 하나님나 라

힘으로 도 못가요 하나님나 라
지식으 로 못가요 하나님나 라
맘착해 도 못가요 하나님나 라

거듭나 면 가는나라 하나님나 라

믿음으로 가는나라 하나님나 라

2. 이 찬양은 어떤 사람이 천국에 갈 수 있다고 말하고 있나요?

3. 천국에 들어갈 수 있는 길을 성경을 통해서 살펴 보아요.

　창세기 15장 1~6절까지 읽고 가장 중요한 구절 하나를 써 보세요.

....

....

4. 창세기 15장 6절에 보면 아브라함이 천국에 갈 수 있는 방법을 가르쳐 주고 있어

　요. 그것은 무엇일까요? 로마서 4:3

....

....

....

5. 요한복음 1장 12절을 읽고 성경 그대로 옮겨 적어 보세요.

....

....

....

6. 예수님은 천국에 들어 갈 수 있는 길이 무엇이라고 말씀하셨나요?

....

....

5 ── 활동 퀘스트

천국행 티켓을 잡아라!

방법 ○ 내가 다음 주에 한 달 동안 미국에 여행을 간다고 생각하고 준비물을 적어 보세요. 다 적은 후에는 천국에 갈 때 필요한 준비물을 적어 보세요. 이제 두 가지를 비교해 보세요.

미국 여행 시 필요한 준비물	천국 여행 시 필요한 준비물

다음 주에 외울 암송구절

"내가 아버지께 구하겠으니 그가 또 다른 보혜사를 너희에게 주사 영원토록 너희와 함께 있게 하리니."

요한복음 14:16

"오직 성령의 열매는 사랑과 희락과 화평과 오래 참음과 자비와 양선과 충성과 온유와 절제니 이같은 것을 금지할 법이 없느니라."

갈라디아서 5:22~23

기도로 맺어진 우리의 끈

선생님과 친구들의 기도 제목을 매주 적고 진심으로 기도해 주세요!

한 사람을 사랑하는 가장 좋은 방법은 그 사람을 위해서 기도하는 거예요. 기도는 '바라는 것'이 '실상(實狀, reality)'이 되는 놀라운 능력이에요! 서로를 위해 기도하며 하나님 나라의 비밀을 체험하는 시간이 되기를 소망합니다.

"너는 기도할 때에 네 골방에 들어가 문을 닫고 은밀한 중에 계신 네 아버지께 기도하라 은밀한 중에 보시는 네 아버지께서 갚으시리라" (마태복음 6:6).

기도 대상자	기도 제목

생활과제 보고서

제자의 생활훈련

1. 가정 예배를 이렇게 드렸어요.

- 예배 사회 :
- 대표 기도 :
- 설 교 자 :
- 설교 내용 요약 :

- 찬 양 :
- 성경 본문 :

2. 우리 가족 기도 제목 나누기

이름	기도 제목

3. 생활의 제자훈련

요일/날짜	섬김의 내용	부모님 확인
예) 월/일	예) 내 방 청소하기	○ △ ×

✚ 말씀으로 맺어진 하나님의 은혜

설교 날짜 :

설교 제목 :

본문 말씀 :

설교 내용 :

적용 질문

❶ 설교 말씀을 듣고 새롭게 깨달은 사실이 있다면 무엇일까요?

----

❷ 나는 이제 어떻게 살아야 할까요?

우리 안에 계신
성령님

"오직 성령의 열매는 사랑과 희락과 화평과
오래 참음과 자비와 양선과 충성과 온유와 절제니
이같은 것을 금지할 법이 없느니라"

(갈라디아서 5:22~23).

1 — ICE BREAK

"성령님과 소개팅?!"

이때까지 살면서 성령님을 만난 적이 있나요?

언제	
어디서	
어떻게	
왜	
느낀 점	

2 — 기초 다지기 5단계!

Step 1 삼위일체 하나님(Trinity)

성부(하나님), 성자(예수님), 성령은 한 하나님이에요. 창조 전부터 한 하나님으로 계셨고 지금도 한 하나님으로 계신답니다.

† 마태복음 28:19

Step 2 인격적 하나님(personal God) 성령

성령 하나님은 인격적 하나님이세요. 그러므로 성령 하나님은 우리 인간들의 감정과 느낌, 고통과 고난까지도 모두 다 아시는 하나님이세요.

† 요한복음 14:16 ; 고린도전서 12:11

Step 3 지적(intellectual)인 성령 하나님

성령 하나님은 지혜가 가득한 분이므로 지적으로 뛰어난 분이에요. 그러므로 우리의 모든 것까지도 아신 바 되신답니다.

† 고전 2:10~11 ; 로마서 8:16

Step 4 감정이 풍부하신(sympathic) 성령 하나님

성령 하나님은 우리의 모든 것을 아시고 우리를 위해 기도해 주시는 분이에요. 성령 하나님은 사랑으로 우리를 보살피시고 우리를 위해 근심하는 분이랍니다.

† 이사야 63:10 ; 에베소서 4:30

Step 5 의로우신(justice) 성령 하나님

성령 하나님은 공의로우시고, 공평하시고, 의로우신 분이랍니다. 성령 하나님의 사역은 늘 공평하십니다.

† 사도행전 16:7 ; 고린도전서 12:11

3 — 성령님을 소개합니다

1. 성경을 찾아보고 성령님에 대해서 더 깊이 알아 봐요!

   요한복음 14장 16~17절을 찾아보고 키워드를 세 개 적어 보세요.

   (   )

   (   )

   (   )

2. 예수님은 성령님을 어떤 분으로 말씀하고 계실까요? 두 가지를 찾아 적어 보세요.

   1 ★

   2 ★

3. 나의 마음속에 성령님이 계심을 느끼고 있나요? 그렇다면 어떻게 느끼고 있나요?

4. 사도행전 2장 38~39절을 찾아 보고 괄호를 채워 보세요.

   "베드로가 가로되 너희가 (   )하여 각각 (   )의 이름으로
   세례를 받고 죄 사함을 받으라 그리하면 (   )을 받으리니."

5. 성령이 선물이라는 말의 뜻은 무엇일까요?

4 — 성령의 소욕 vs 육신의 소욕

1. 갈라디아서 5장 19~21절과 22~26절을 읽고 다음 그림을 채워 보세요.

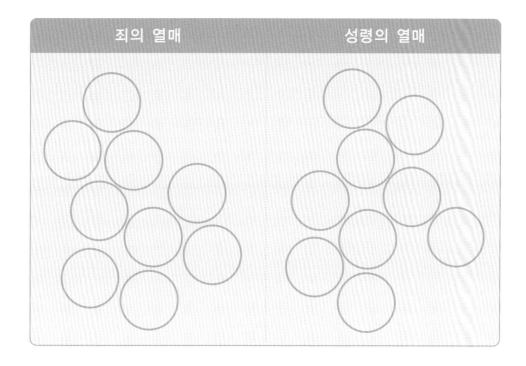

2. 나에게는 죄의 열매가 더 많나요? 성령의 열매가 더 많나요?

3. 나에게 있어 가장 대표적인 죄의 열매는 (   )입니다. 이 죄의 열매를 없애기 위해서는 어떻게 해야 할까요?

4. 나에게 가장 부족한 성령의 열매는 (   )입니다. 이 성령의 열매가
   더 무럭무럭 자라게 하기 위해서는 어떻게 해야 할까요?

   ....

   ....

5. 성령을 모시고 사는 사람은 조심해야 합니다. 고린도전서 3장 16~17절을 찾아 보
   고 키워드 세 개를 적어 보세요

   (   )
   (   )
   (   )

6. 바울은 우리를 가리켜 (   )이라고 말합니다. 왜 바울은 우리를 그렇게
   부를까요?

   ....

   ....

   ....

7. 성령님이 우리 몸 안에 계시기 때문에 조심해야 할 일은 무엇일까요?

   ....

   ....

   ....

5 활동 퀘스트

앞이 안 보여요! 나를 인도해 주세요!

방법 ➡ 1. 둘씩 짝을 짓고 둘 중에 한 사람이 먼저 눈을 가린다.

2. 눈을 가린 사람을 가리지 않은 사람이 인도해서 화장실을 다녀오거나 계단을 이용해 1층으로 내려갔다 온다.

❶ 앞이 안 보일 때 옆의 인도자를 얼마나 의지하게 되나요?

....

....

❷ 우리 삶도 이와 같습니다. 우리도 매사에 성령님의 인도하심을 받고 살지 않는다면 죄의 구렁텅이에 빠질 수 있습니다. 성령님의 인도하심을 구하는 기도문을 세 줄 정도 적어 보세요.

....

....

....

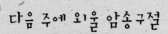

다음 주에 외울 암송구절

"우리가 다 하나님의 아들을 믿는 것과 아는 일에 하나가 되어 온전한 사람을 이루어 그리스도의 장성한 분량이 충만한 데까지 이르리니."

에베소서 4:13

"내가 이미 얻었다 함도 아니요 온전히 이루었다 함도 아니라 오직 내가 그리스도 예수께 잡힌 바 된 그것을 잡으려고 달려가노라."

빌립보서 3:12

기도로 맺어진 우리의 끈

한 사람을 사랑하는 가장 좋은 방법은 그 사람을
위해서 기도하는 거예요. 기도는
'바라는 것' 이 '실상(實狀, reality)' 이
되는 놀라운 능력이에요!
서로를 위해 기도하며
하나님 나라의 비밀을
체험하는 시간이 되기를
소망합니다.

선생님과 친구들의
기도 제목을 매주 적고
진심으로 기도해
주세요!

기도 대상자	기도 제목

"너는 기도할 때에 네 골방에
들어가 문을 닫고 은밀한 중에
계신 네 아버지께 기도하라
은밀한 중에 보시는
네 아버지께서 갚으시리라"
(마태복음 6:6).

제자의 생활훈련

1. 가정 예배를 이렇게 드렸어요.

- 예배 사회:
- 대표 기도:
- 설 교 자:
- 설교 내용 요약:

- 찬 양:
- 성경 본문:

2. 우리 가족 기도 제목 나누기

이름	기도 제목

3. 생활의 제자훈련

요일/날짜	섬김의 내용	부모님 확인
예) 월/일	예) 내 방 청소하기	○ △ ×

✚ 말씀으로 맺어진 하나님의 은혜

설교 날짜 :

설교 제목 :

본문 말씀 :

설교 내용 :

적용 질문

❶ 설교 말씀을 듣고 새롭게 깨달은 사실이 있다면 무엇일까요?

----

❷ 나는 이제 어떻게 살아야 할까요?

예수님 안에서
자라가는 제자

"우리가 다 하나님의 아들을 믿는 것과
아는 일에 하나가 되어 온전한 사람을 이루어
그리스도의 장성한 분량이 충만한 데까지 이르리니"

(에베소서 4:13).

1 — ICE BREAK

"나는 얼마나 컸을까?"

	키	몸무게	달리기	행동
초등학교 1학년				
현재				

1. 1학년 때와 비교해서 조금이라도 성장하지 않은 사람은 아무도 없을 거예요. 나는 얼마나 성장했나요?

2. 영적으로는 얼마나 성장했을까요? 1학년 때보다 기도를 많이 하고 있나요? 1학년 때보다 성경을 더 많이 읽고 있나요? 생각해 보세요.

2 무슨 음식을 먹을까?

1. 다음 글을 읽고 생각해 보세요.

●●● 전국적으로 패스트푸드(fast food) 음식점이 기하급수적으로 증가하고 있습니다. 현대인의 급한 습관과 경쟁심리 때문에 생긴 결과라고 생각할 수 있습니다. 과거에는 식사를 하면서 교제의 장을 펼쳤다면, 현대에는 혼자 빠르게 해결하는 패스트푸드식 식사법이 더 선호받고 있습니다. 이런 경향의 배경에는 현대인들의 편의주의와 스피드, 무한 경쟁주의가 뿌리내리고 있다고 생각할 수 있습니다.

❶ 사람들이 패스트푸드(fast food)점을 즐겨 찾는 이유가 무엇일까요?

❷ 우리가 교회를 다니고 신앙생활을 하면서 영적 양식을 패스트푸드처럼 쉽고 빠르게만 먹는다면 어떻게 될까요?

❸ 나는 지금까지 '영적으로' 어떤 음식을 먹었나요?

3 — 나는 얼마나 자라 있나요?

1. 고린도전서 3장 1~3절을 찾아서 읽어 보세요.

2. 본문에서는 "육신에 속한 자"를 어떤 사람이라고 부르고 있나요?

육신에 속한 자	무엇을 먹나요?

3. 2절에서 말하는 '젖'은 무엇이고 '밥'은 무엇일까요?

4. 나는 젖을 먹는 어린 아기인가요? 밥을 먹는 성숙한 사람인가요?

4　예수님 안에서 자라가기

1. 에베소서 4장 13~16절을 찾아 읽어 보고 중요한 키워드 세 가지를 적어 보세요.

    (　　　　　　　　)
    (　　　　　　　　)
    (　　　　　　　　)

2. 결국 영적으로 성숙해진다는 말은 "작은 예수"가 되는 것이라고 볼 수 있어요.
　왜 그럴까요?

    ....

    ....

    ....

3. 영적으로 성장하기 위해서는 다음의 몇 가지 요건이 필요해요. 한 가지씩 검토해
　보세요.

    ✢ 데살로니가전서 2:7

    ....

    ....

    ✢ 베드로후서 3:18

    ....

    ....

    ✢ 빌립보서 3:12

    ....

    ....

4. 아래의 도표를 가지고 한 가지씩 점검해 보며 영적 성장을 위해 노력해 보세요.
   영적 성장의 주제는 "예수님 생각=나의 생각"이에요!

목표	어떻게 성장해야 할까요?
예수님 생각 = 나의 생각	
친구 관계	
내 인생의 목표	
예배 태도	
기도 습관	
헌금 자세	
찬양 자세	
성경 읽는 습관	

5 활동 퀘스트

"영적 스케줄링(Spiritual Scheduling)"

우리는 월요일부터 토요일까지 학원과 과외에 온 힘을 쏟아요! 물론 공부도 중요하지만 더 가치 있고 소중한 것은 '영적인 성장'이에요. 학원 스케줄을 잡는 것처럼 영적으로 성장하기 위한 스케줄을 잡아 보세요.

나의 일주일 동안의 학원 스케줄
월
화
수
목
금
토
일

나의 일주일 동안의 영적 스케줄
월
화
수
목
금
토
일

다음 주에 외울 암송구절

"우리 중에 누구든지 자기를 위하여 사는 자가 없고 자기를 위하여 죽는 자도 없도다 우리가 살아도 주를 위하여 살고 죽어도 주를 위하여 죽나니 그러므로 사나 죽으나 우리가 주의 것이로다."

로마서 14:7~8

"볼지어다 내가 문 밖에 서서 두드리노니 누구든지 내 음성을 듣고 문을 열면 내가 그에게로 들어가 그로 더불어 먹고 그는 나로 더불어 먹으리라."

요한계시록 3:20

기도로 맺어진 우리의 끈

한 사람을 사랑하는 가장 좋은 방법은 그 사람을
위해서 기도하는 거예요. 기도는
'바라는 것'이 '실상(實狀, reality)'이
되는 놀라운 능력이에요!
서로를 위해 기도하며
하나님 나라의 비밀을
체험하는 시간이 되기를
소망합니다.

선생님과 친구들의
기도 제목을 매주 적고
진심으로 기도해
주세요!

기도 대상자	기도 제목

"너는 기도할 때에 네 골방에
들어가 문을 닫고 은밀한 중에
계신 네 아버지께 기도하라
은밀한 중에 보시는
네 아버지께서 갚으시리라"
(마태복음 6:6).

제자의 생활훈련

1. 가정 예배를 이렇게 드렸어요.

● 예배 사회:	● 찬 양:
● 대표 기도:	● 성경 본문:
● 설 교 자:	
● 설교 내용 요약:	

2. 우리 가족 기도 제목 나누기

이름	기도 제목

3. 생활의 제자훈련

요일/날짜	섬김의 내용	부모님 확인
예) 월/일	예) 내 방 청소하기	○ △ X

✚ 말씀으로 맺어진 하나님의 은혜

설교 날짜 :

설교 제목 :

본문 말씀 :

설교 내용 :

적용 질문

❶ 설교 말씀을 듣고 새롭게 깨달은 사실이 있다면 무엇일까요?

_____

_____

❷ 나는 이제 어떻게 살아야 할까요?

_____

_____

8과

나의 주인이신 예수님

"우리 중에 누구든지 자기를 위하여 사는 자가 없고
자기를 위하여 죽는 자도 없도다 우리가
살아도 주를 위하여 살고 죽어도 주를 위하여 죽나니
그러므로 사나 죽으나 우리가 주의 것이로다"

(로마서 14:7~8).

1—ICE BREAK

"누가 사용하는가?"

	사용자	결과	사용자	결과
자동차	전문 카레이서		무면허 운전자	
칼	전문 조각가		강도	
붓	전문 화가		초등학생	

1. 같은 물건을 사용해도 누가 그것을 사용하느냐에 따라 그 결과는 극명하게 대비됩니다. 그 이유는 무엇일까요?

....

....

2. 그 물건의 주인이 누구인지는 매우 중요합니다. 그렇다면 나의 주인은 누구일까요?

....

....

....

....

2 ─ 예수님은 나의 주인

1. 사도 바울 선생님은 너무나도 철저하게 예수님을 자신의 주인으로 모시고 살았어요. 로마서 14장 7~8절을 읽고 성경 그대로 적어 보세요.

....

....

....

2. 바울이 이 구절에서 중요하게 강조하는 것은 무엇일까요? 짧게 대답해 보세요.

....

....

....

3. 7절에서 '우리'는 예수님을 믿는 사람을 가리킵니다. 따라서 7절 말씀의 뜻은 예수님을 믿는 사람들은 아무도 자신을 위해 살지 않고 주님을 위해서만 산다고, 바울은 자신 있게 말씀하고 있는 거예요! 과연 우리는 주님을 위해서만 살고 있나요?

....

....

....

4. 과연 주를 위해 사는 것이 무엇일까요?

....

....

....

3 ─ 라오디게아 교회의 잘못

1. 예수님은 예수님을 주인으로 모시고 살지 않는 교인들을 꾸짖으셨어요. 대표적인 교회가 요한계시록에 나오는 라오디게아 교회예요. 요한계시록 3장 15~16, 20절을 읽고 키워드를 세 개 적어 보세요.

(   )

(   )

(   )

2. "차지도 덥지도 않다"는 말은 무슨 뜻일까요?

....

....

....

3. 라오디게아 교인들은 예수님을 뜨겁게 사랑하지도 않고 차갑게 싫어하지도 않으면서 적당히 섬겼어요. 그러면서도 자신들의 부족함을 몰랐죠. 결국 그들은 예수님을 슬프게 했어요(20절). 그들은 예수님을 어떻게 대했나요?

....

....

....

4. 지금까지 예수님을 내 마음의 주인으로 모시지 않은 사람이 예수님을 주인으로 모시려면 어떻게 해야 할까요?

....

....

....

4 주인을 위해 시간 쓰기

1. 다음 글을 읽고 생각해 보세요.

●●●   흔히들 사람들은 "마음이 가는 곳에 시간과 몸도 간다"라고 말합니다. 시간을 쏟고 희생을 함에 있어서 무엇보다도 중요한 것은 '마음'이라는 사실을 드러낸 말입니다.

❶ 내 마음의 주인은 과연 누구일까요?

_____

_____

❷ 나의 주인이 예수님이라면 나는 예수님을 위해서 시간을 드려야 합니다. 하루 동안 예수님께 드릴 시간을 정해 보세요.

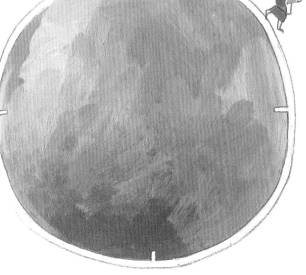

5 — 활동 퀘스트

빌 브라이트의 3가지 종류의 사람

빌 브라이트 박사는 예수님의 주인 됨을 중심으로 3가지 유형의 사람을 그렸어요. 그림을 보면서 각자 자신의 입장과 비교해 보세요.

(큰 원은 마음, 의자는 보좌, 작고 검은 점은 우리의 일상사, 십자가는 주님)

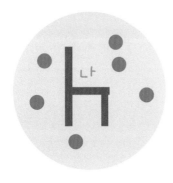

1. 예수님을 믿지 않는 사람 : 에베소서 2:1~3

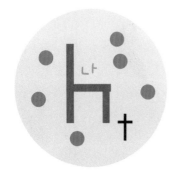

2. 육신적인(세상적인) 그리스도인 : 고린도전서 3:1~3

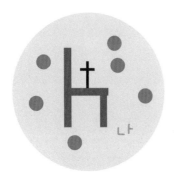

3. 예수님을 주인으로 모시고 사는 사람 : 갈라디아서 2:20

기도로 맺어진 우리의 끈

한 사람을 사랑하는 가장 좋은 방법은 그 사람을
위해서 기도하는 거예요. 기도는
'바라는 것'이 '실상(實狀, reality)'이
되는 놀라운 능력이에요!
서로를 위해 기도하며
하나님 나라의 비밀을
체험하는 시간이 되기를
소망합니다.

선생님과 친구들의
기도 제목을 매주 적고
진심으로 기도해
주세요!

기도 대상자	기도 제목

"너는 기도할 때에 네 골방에
들어가 문을 닫고 은밀한 중에
계신 네 아버지께 기도하라
은밀한 중에 보시는
네 아버지께서 갚으시리라"
(마태복음 6:6).

생활과제 보고서

제자의 생활훈련

1. 가정 예배를 이렇게 드렸어요.

- 예배 사회 :
- 대표 기도 :
- 설교 자 :
- 설교 내용 요약 :

- 찬 양 :
- 성경 본문 :

2. 우리 가족 기도 제목 나누기

이름	기도 제목

3. 생활의 제자훈련

요일/날짜	섬김의 내용	부모님 확인
예) 월/일	예) 내 방 청소하기	○ △ ✕

✚ 말씀으로 맺어진 하나님의 은혜

주일설교 note

설교 날짜 :

설교 제목 :

본문 말씀 :

설교 내용 :

적용 질문

❶ 설교 말씀을 듣고 새롭게 깨달은 사실이 있다면 무엇일까요?

❷ 나는 이제 어떻게 살아야 할까요?

제자훈련 소감문 쓰기

제자훈련 1학기를 마치면서 새롭게 깨달은 점과 내 삶 속에서 변화된 점들을 적어 보세요.